正宗陈氏太极拳

正太极四季导引

陈娟 主编

SPM
南方传媒

广东科技出版社
全国优秀出版社

·广州·

图书在版编目（CIP）数据

正宗陈氏太极拳：正太极四季导引 / 陈娟主编. —广州：广东科技出版社，2024.1

ISBN 978-7-5359-8089-2

Ⅰ. ①正…　Ⅱ. ①陈…　Ⅲ. ①陈式太极拳—基本知识　Ⅳ. ①G852.11

中国国家版本馆CIP数据核字（2023）第087947号

正宗陈氏太极拳——正太极四季导引
Zhengzong Chenshi Taijiquan—Zhengtaiji Siji Daoyin

出 版 人：严奉强
策划编辑：曾永琳
责任编辑：郭芷莹
封面设计：集力書裝　彭　力
装帧设计：友间文化
责任校对：李云柯　廖婷婷
责任印制：彭海波
出版发行：广东科技出版社
　　　　　（广州市环市东路水荫路11号　邮政编码：510075）
销售热线：020-37607413
https://www.gdstp.com.cn
E-mail：gdkjbw@nfcb.com.cn
印　　刷：广州一龙印刷有限公司
　　　　　（广州市增城区荔新九路43号1幢自编101房　邮政编码：511340）
规　　格：889 mm×1 194 mm　1/32　印张4.5　字数120千
版　　次：2024年1月第1版
　　　　　2024年1月第1次印刷
定　　价：69.80元

编委会

主　编：陈　娟

副主编：郑十三　许自力

编　委：张咏梅　余志海　郑盼兮

　　　　孙铁良　何　军

主编简介

陈　娟

　　陈娟，七岁开始随父陈正雷系统学习家传陈氏太极拳，大学就读于北京体育大学武术系，毕业后秉承父亲"弘扬太极文化，造福百姓健康"的宏愿，在广州设立陈正雷太极会馆及"正太极"全球品牌，通过太极拳惠及岭南及东南亚地区数十万太极拳爱好者，更积极响应国家号召，让太极拳"进社区、进学校、进企业"，数年来，在众多企业和高校推广、普及太极拳文化，受益者逾百万。

　　针对岭南地区水土人文，陈娟在普及过程中积极推动太极拳与中医养生相结合，与广东省中医院、广州市妇女儿童医疗中心的资深专家合作，开展专门针对都市亚健康人群和妇幼保健方向的太极拳功能性课程研究，积累了丰富的太极拳普及教学经验。为满足众多企业拳友们的需求，在"正宗太极，轻松学"理

念的指导下，陈娟创编了一套四季导引简易普及课程，作为工间操在各大企业、事业单位中推广，还创编了一套《青少年智明八式》在校园中作为课间操推广，都深受爱好者们的青睐。2016年，正太极受邀于广州市文化馆开设公益太极班，陈娟被文化馆聘为特邀国学导师，正太极亦被文化馆授予"广州陈氏太极拳推广示范基地"。2017年4月陈娟被中国中医药信息研究会聘请为养生顾问，7月被广东省武术协会任命为太极拳推广委员会主任，8月被专业网站评选为太极拳中青年领袖。2017年，陈娟代表广东省于第13届全运会上斩获太极拳冠军，为广东体育代表团夺得首金。2021年，为响应太极拳被列入人类非物质文化遗产代表作名录，在广东省文化和旅游厅的主管下成立"广东省陈氏太极文化促进会"，陈娟担任常务副会长，积极推动太极拳在岭南地区落地生根。2023年被广州市文化广电旅游局认定为太极拳广州市级非物质文化遗产代表性传承人。

序

太极拳发源于河南省焦作市温县的陈家沟。陈家沟陈氏九世祖陈王廷在家传拳术的基础上，依据易经的阴阳学说、中医的经络学及导引吐纳术，创造了一套具有阴阳性质、动静开合、起落旋转、刚柔相济、快慢相间、舒展大方、柔和自然、沉重稳健的独特风格，以及符合人体生理规律和大自然运转规律的拳术运动，名为"太极拳"。从此，陈家沟习拳舞械的风气更浓，世代相传，名手辈出，经久不衰。传至十四世祖陈长兴时，方由博返约，将太极拳精炼归纳成现在的一路拳、二路拳。一路拳以柔为主，柔中有刚；二路拳以刚为主，刚中有柔，两路拳相辅相成，真正体现了陈氏太极拳刚柔相济、快慢相间的独特风格。陈长兴打破门规，将陈家的独得之秘传给外姓人——河北永年人杨露禅，从此，逐步衍生出杨、武、吴、孙等几大流派的太极拳。几百年来，在几大流派的历代老师们的共同努力下，太极拳已经走出国门，走向世界，正在为全人类的健康事业做贡献！

自陈家沟陈氏九世祖陈王廷起，太极拳除在古战场上发挥技击杀敌、防身自卫的功能外，也开始与医、养相结合，发挥导引养生、延年益寿之功能。十六世祖陈延熙就是个医武结合的宗师级人物，随着20世纪二三十年代的"北拳南传"之势，延熙公的弟子将太极拳传到岭南地区。同一时期，我的伯父陈照丕也受北京同仁堂东家乐佑申的邀请，进京传授太极拳。后应邀赴南京教授太极拳，并兼任南京国术馆名誉教授，在此期间，伯父出版了《陈氏太极拳汇宗》一书，此书上还有家传跌打丹药的内容。

陈氏先辈们发挥太极拳导引养生功能，服务大众健康的努力和意愿，也在代代传承，同时后辈们在新的时代条件下，也做出了新的成绩。陈娟即将出版的新作《正宗陈氏太极拳——正太极四季导引》，即是在传承太极智慧的基础

太极拳嫡系传承系统

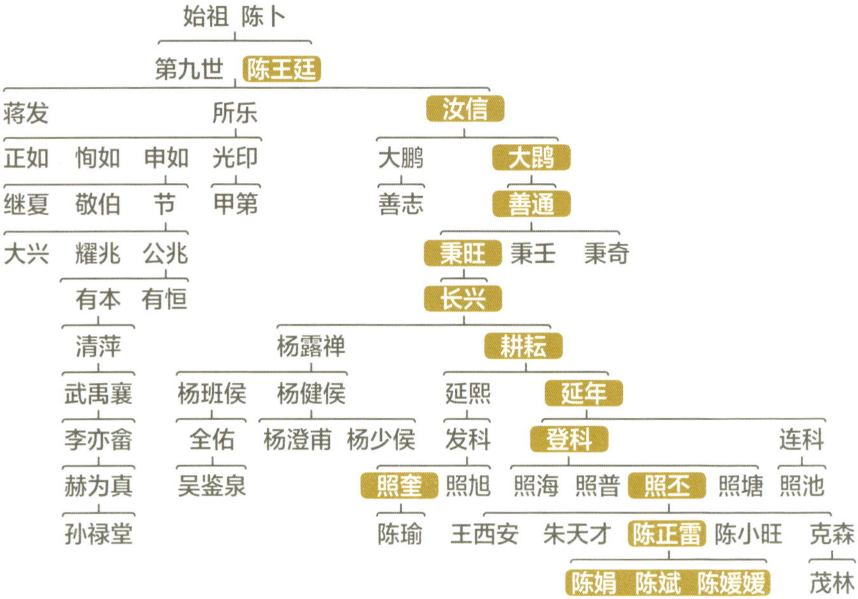

始祖 陈卜

第九世 **陈王廷**

蒋发　　　　　所乐　　　　　　**汝信**

正如　恂如　申如　光印　　　大鹏　**大鹍**

继夏　敬伯　节　　甲第　　　善志　**善通**

大兴　耀兆　公兆　　　　　**秉旺**　秉壬　秉奇

　　　有本　有恒　　　　　　**长兴**

　　　清萍　　　　杨露禅　　　**耕耘**

　　　武禹襄　杨班侯　杨健侯　延熙　**延年**

　　　李亦畲　全佑　杨澄甫　杨少侯　发科　**登科**　　　　连科

　　　赫为真　吴鉴泉　**照奎**　照旭　照海　照普　**照丕**　照塘　照池

　　　孙禄堂　　　陈瑜　王西安　朱天才　**陈正雷**　陈小旺　克森

　　　　　　　　　　　　陈娟　陈斌　陈媛媛　　　茂林

太极拳创始人（1600—1680）
贡献：法于阴阳　闲来造拳

陈王廷

第六代嫡传人（1771—1853）
贡献：由博返约　开放门户

陈长兴

第十代嫡传人（1893—1972）
贡献：返乡传承　断而复续

陈照丕

第十一代嫡传人（1949—）
贡献：弘扬家学　国家非遗

陈正雷

第十二代嫡传人（1977—）
成绩：全运冠军　岭南传播

陈　娟

上，对以太极拳引领现代健康生活方式方面做出的新尝试，她请我作序，我欣然答应了。

陈娟是我的长女，她从会说话、会走路开始就接受由简到繁的太极拳训练。我亲自教她，她聪明好学，对练拳很有兴趣，一举手一投足学得有模有样。五岁，我开始给她校正拳架，一招一式务求规范、准确，并给她规定任务，对她说："你五岁了，每天要练习五遍拳。"为了让她对中华武术有更多的了解，能系统地学习体育教育学、运动训练学、运动心理学等基础知识，九岁时，我就送她到平顶山市体校武术队训练；十八岁时，我就让她报考北京体育大学，大学毕业后陈娟被分配到广东省体育系统工作。可以说，陈娟在陈氏太极拳拳械和理论方面，自幼就打下了较为坚实的基础，她从青少年时期就开始参加各级武术太极拳比赛，皆取得了优异成绩。在第十三届全运会上，她是广东省代表团的护旗手，并在比赛中获得太极拳冠军。

在太极拳教学中，陈娟将理论知识和练拳实践相结合，能够做到得心应手，游刃有余。她不断地总结习拳经验，时有论文发表。后来，她在广州开设了多家武馆，使陈氏太极拳的种子在五羊城遍地发芽、开花结果。

近年来，陈娟着力于太极拳养生功能的开发。对于渴求健康的学员，她根据四季五行规律创编了太极拳四季导引课程，让学员们轻松入门的同时又收获健康。对于处于哺乳期、孕期等特殊时期的女性，她与医学专家合作，共同探讨，创编出一套以桩功、缠丝功为主的利于养气的女性太极课程。她不仅在太极拳养生普及上不停地探索，而且对于希望求索和传承太极拳真谛的弟子，她也悉心教授拳技、拳理，让其学会把太极拳当成一种生活方式。

我们家传的太极拳就是一种集技击自卫和养生康养于一体的传统技艺。《正宗陈氏太极拳——正太极四季导引》这本书是陈娟多年心血的结晶。此功法几年前就在广东省推广且得到好评。尤其是2020年初，新冠疫情期间推出的简单易学的太极拳养生功法，通过网络平台，很好地推广了出去。从"神九"到"神十三"，航天员在太空舱打太极拳已成常态锻炼活动，2023年年初，陈娟创制的这套太极拳健身养生功法，更是被吸纳为海军舰艇官兵日常习练的锻炼方式，为提高海军官兵的身体健康，增强战斗力发挥作用。

最后，祝愿此书的出版能以绵薄之力为全民健身，健康中国，弘扬非遗，造福人类做出贡献！

陈氏太极拳第十一代嫡传人
2023年11月

前言

从陈家沟走向世界

　　凝聚着中国传统文化与技击精华的太极拳，从我老家——河南省焦作市温县陈家沟走出来，走向世界，如今已经成为一项国际性的健身运动，每当想起这些，我就感慨万千。

中华瑰宝　焕发新春

　　作为太极拳的嫡宗传承人，我会铭记2020年12月17日。这天晚上北京时间20:35，联合国教科文组织保护非物质文化遗产政府间委员会通过决议，将我国申报的"太极拳"列入联合国教科文组织人类非物质文化遗产代表作名录！

　　特大喜讯传来，陈家沟沸腾了，我们喜极而泣。当晚，国家文化和旅游部和河南省人民政府在陈家沟举行了盛大的庆祝活动。陈家沟的父老乡亲和来自全国太极拳七大社区、不同流派的太极拳传承人及太极拳研习者，汇集在太极拳祖祠、东沟、中华太极馆、国际交流中心、陈正雷太极书院，上千人一起在威武雄壮的鼓乐声中展示太极拳，将目前存续完整、脉络分明的各种套路、刀枪剑戟、拳术器械一一演练，向全世界人民展示中国太极拳文化的博大精深。场面盛大而震撼，全球太极拳爱好者或在现场，或在屏幕前，共同见证这一历史性时刻。

我的父亲陈正雷在北京文旅部申遗会议现场见证了这一激动人心的历史时刻。六次申遗，十二年的努力，终于得到了联合国教科文组织的认可，这是世界对中华优秀传统文化的接纳，也是中国送给世界的文化瑰宝。

从我家乡走出来的太极拳，成了在册的人类文化遗产，这对于陈家沟和太极拳的传承者们来说，意义非凡！

当时，我已着手整理本书文字和拍摄图片，从陈氏祖上代代相传的太极拳，承载着的不仅仅是家族文化，而是整个民族的记忆，内里蕴涵着中华民族的智慧魅力。

随父学艺　一门深入

我在牙牙学语的时候就开始跟随父亲陈正雷学习家传技艺。从老架一路开始，用了三十多年，系统学习了老架一、二路，新架一、二路，单刀单剑、双刀双剑，梨花枪夹白猿棍，春秋大刀，太极推手等陈氏传统拳械技法。后因参加比赛和考大学，又学习了陈式竞赛套路，二十四式和四十二式拳剑等国家推广套路。

在北京体育大学求学期间，根据大学课程安排，通过与同学、同好们的交流，我涉猎了其他拳派共计三十多个拳术套路。青年时期的我，徜徉在武术的海洋中，体悟着老祖宗留下来的武术文化和侠义文化，收获着健康和快乐。

在这个过程中，我了解到每一个拳派的博大与精深，领悟到各派蕴含的丰富的中国哲学思想。比如八卦掌，在绕圈走转的过程中，用穿、插、劈、撩、横、撞、扣、翻、托等掌法，采用四正四隅八个方位变换的运动形式，与太极拳中的八法——掤、捋、挤、按、采、挒、肘、靠，都是源自《周易》八卦图中的卦象方位；形意拳、大小洪拳等拳种也都有其独具魅力的特点。这些体验令我打开了身体运动的无限可能，不管是跳跃的、翻转的、劲力的、速度的、柔和的，都能靠身体语言表达出来。但技术动作的标准并不能诠释拳种的灵魂和韵味，一切都似乎浮于表面，最终劳而无功，我陷入迷茫之中。

有一天父亲跟我说："自家的宝贝你才了解多少，会练个套路就叫会了吗？任何一种技艺和文化，只有一门深入、长时重修，才能有所成就。"这时我幡然醒悟，想到了父亲教拳时常常讲到的"五心（敬心、专心、决心、恒心、耐心），三要素（师资、天资、苦练），一认识（对太极拳本质的认识）"，反省自己：我缺了专心一意，坚定的决心和持之以恒的恒心啊！这不是习武之大忌吗？

之后近二十年，我专注地沉浸在太极拳的世界里，勤奋练功，丰富与积累学养，源源不断地将所学所悟融入拳术和思想中，对拳之动静，气之呼吸，身法之进退，步法之快慢，势之刚柔有了不同的体会和感悟，力求做到锤自心出，拳随意发，招式、气息、意念、上下、内外，务求达至身心合一。

少年执教　教学相长

我上中学时，父亲的知名度越来越高，世界各地的太极拳友慕名而来。记得当时我家里住了很多人，广东、广西的，湖南、湖北的，云南、四川的，还有很多外国人（日本人、意大利人、法国人等），最高峰时家里住了三十多个人。

我家的三层楼房住得满满当当，很多人直接睡在训练房的地毯上。我妈妈很能干，有时候一天蒸十几锅馒头。考虑到各地风味不同、口味迥异，她把学生们按地域分成小组，当值人员须配合妈妈做饭和打扫卫生。这样一来，天南地北的饭菜都能在我们的院子里吃得到。

而我们姊妹三人不仅协助母亲干活，也要充当父亲的助教。在武术界，讲究先入门为长。所以我们仨虽是小小年纪，却当了大人们的师兄、师姐。我们很享受这种感觉，每天站在前面领练，发号施令，有时候还模仿父亲讲解几个动作！

印象最深的一次，是教来自东京的江口先生和来自大阪的坂野先生。父亲出差前嘱托我们放学后要陪着他们练拳，出于年幼调皮，我还模仿父亲，上学前给他们布置训练任务。我说："师父说了，你们今天练缠丝劲，练到我们放学回来！"缠丝劲动作都很简单，但是要始终保持着松肩坠肘，屈膝松胯，重心下沉至双腿，即使是腿部力量很强的人，练上个把小时也会吃不消，更何况是初学者，开练一久，腿疼气浮，心根本静不下来。我甚至都想好了，只要他们没做到，就惩罚他们替我们做家务一个星期！谁知，中午十二点半回到家里，两位师弟还在二楼的训练房，对着镜子，慢悠悠、静悄悄地画圆呢！因为出汗，在北方的冬天，他们头上还冒着热气。我一算，七点半到十二点半，整整五个小时！从此之后，我再不敢肆意妄为了。

对于习武练功来说，下"笨功夫"就是走捷径。事实也证明如此，如今这两位师弟在日本也是赫赫有名的大师父了，我也在他们身上看到了认真踏实、专心敬业、厚积薄发的品质。这对我后期的学习和教学有一定的影响，比如我的教学课堂非常注重基本功的练习：站桩、缠丝劲、各种腿法和素质训练会贯穿始终。即使是学一节课的体验者，我也力求让其有专业的感悟，能将一招半式的所得持续下去，保留于身。此外，我不赞成把太极课堂搞得很热闹，太极拳是修心、静心之法，习练者应平心静气，去除浮躁。最后一点，在学太极拳上，需要因材施教。有的人体质虚弱，就要以补养为主，有的人阳气旺盛，宜爆发和疏泄。陈氏太极拳中有以静为主的老架一路，也有以动为主的老架二路，更有能提高身法协调性的刀枪剑棍等套路。每一种套路，都有心法，都能帮助习练者修身养性，怡神养心。

南下开馆　探索发展

20世纪90年代开始，高尔夫球场、健身房、瑜伽馆、跆拳道馆、羽毛球馆等如雨后春笋般出现在全国各大城市，现代化的场馆设施，系统完善的教学体系，先进的管理模式、认证模式、考评模式，让老百姓蜂拥而至，一时间非常成功地占领了有健身需求的中青年健身养生市场。中国传统体育项目——武术，却成了体育运动圈的小众运动项目。

所幸一直以来，有些民间的团体在守护和推动太极拳的发展。此外还有一个不容小觑的群体，就是中老年人。他们在太极拳的发展道路上，也起到了举足轻重的作用。太极拳不仅能够帮助老年人强身健体，还能帮助老年人修身养性，提高生活质量，为个人健康、幸福家庭、老年康养做了相当隐形的贡献！

这些年来，我开设的太极拳馆也在都市中找到了自己的发展空间，并根据拳术特点需要，将场馆布置、地板铺设、功能分区等都设计得让拳友们感到方便和舒适。随着太极拳的普及与发展，太极拳走进了许多领域，比如医疗、运动康复、心理健康、学校教育等，人们发现它的健身效果不输任何一种外来的健身运动，可能还更科学、更神奇，同时还能以术入道，让人通过太极拳，对中国的易经、中医、儒学、道学、美学、兵法等传统文化产生浓厚的兴趣。因为想要练好太极拳，就要了解太极拳背后的文化支撑和理论。老祖宗的文化、智慧及对子孙的教诲和期望，都通过一套拳法、一种兵器娓娓道来，习练者像穿越了时空，与先贤对话，向祖师讨教。这种教育潜移默化，逐渐让习练者拥有善良的品性、光华内蕴的气度、上善若水的修养、智慧通透的认知、强大的社会担当、坚韧坚忍的毅力及舍己从人的胸怀。

健康妙招　服务大众

2000年始，遵从父亲意愿，我携团队以广州为核心开馆授艺，积极推动太极拳"进学校、进企业、进社区"，在高校和企业中普及陈氏太极拳，并结合岭南都市环境和经济发达地区特点，不断推陈出新，创编了四季导引等办公室太极拳工间操系列。

二十年来在大湾区有记录的学员就达几十万人，在让广大岭南人民更加安全快乐地进入太极拳健康生活的推广过程中，岭南地区也逐步形成了具有自身地域风格的"轻太极"陈氏太极拳。

2020年春季，新冠疫情暴发，这是一次罕见的全球性危机。全人类面临共同挑战，我们国家全民动员，举国上下一起努力，为世界守住疫情防控的区域防线，为全球抗疫贡献了宝贵的经验。抗疫期间，钟南山、张伯礼等院士肯定和推介了太极拳"提高免疫力""改善气血和肺功能"的抗疫价值。太极拳成为广大民众防疫抗疫的重要选项，多个媒体平台注意到我推出的"居家防疫"太极拳小妙招，并在节目中进行了宣介推广。

太极拳因有"拳打卧牛之地"的特点，需要的空间很小，适于居家锻炼，我在创编时又考虑到零基础的朋友入门难的问题，本着"正宗太极轻松学"的理念，依据传统阴阳五行、四季养生理论，发扬了陈氏太极拳在导引吐纳，缠绕舒展，震荡发力等养生效果。我从陈氏太极拳和器械中萃取提炼，发扬创新出一套本书首推的养生功法"四季导引——正太极五式"。

无论是疫情防控期间还是疫情之后的日常，提升自身免疫力始终是关键。这本书里的四个功法，都能够帮助我们强健筋骨，练气调息，凝神静心。所谓"正气存内，邪不可干"，此功法习练得当，身体就像多了一个天然的保护屏障。我希望每一位朋友，每天早上六点半，无论你身处何方，我们都能一起从"四季导引——正太极五式"的呼吸、伸展、爆发中感受到健康的快乐，从而拥有敏锐、机智、清晰的头脑去迎接美好的一天！

陈娟

2023年10月

目录
Contents

拆解正太极四季导引动作步骤

春生五式
教学版视频

春生五式
跟练版视频

夏长五式
教学版视频

夏长五式
跟练版视频

秋收五式
教学版视频

秋收五式
跟练版视频

冬藏五式
教学版视频

冬藏五式
跟练版视频

拆解正太极四季导引动作步骤

太极拳礼仪

太极拳礼仪的文化含义

☯ 合掌礼

练拳之前要向太极拳先师行合掌礼，又称合十礼，即合并两掌，集中心思以表达恭敬。佛教中即用此礼表达敬意，太极拳礼仪借鉴了这种礼法，意在使习拳者升起恭敬心，感谢太极拳先师创立和传承太极拳。

动作要领

合掌礼：双手合十。

☯ 抱拳礼

抱拳礼文化也同样源远流长，其起初是周朝的军礼，后为武者沿用，称作"武揖"。武者一般都用右手拿武器，用左手抱住或遮住右拳，表示对武力的自我约束。抱拳礼文化含义体现在三方面：

（1）左掌表示德、智、体、美"四育"齐备，象征高尚情操，也代表着五湖四海的师兄弟姐妹们的情谊要永记心间。右拳表示勇猛习武，左掌掩右拳相抱，表示"勇不滋乱""武不犯禁"，以此来约束、节制勇武的意思。

（2）左掌右拳合拢，两臂屈圆，表示天下武林是一家，谦虚团结，以武会友。

（3）左掌为文，右拳为武，表示文武兼修，虚心求教，恭敬师友。其中有一个细节，左掌为什么要把拇指扣起来？是因为武术界非常强调武德修养，武德修养再高也不称大，把拇指扣起的细节，就蕴含这样的理念。

动作要领

抱拳礼：立身中正，并步站立，右手成拳，左手四指并拢伸直成掌，拇指屈拢，左掌心掩贴右拳面，右拳眼斜对胸窝置于胸前，屈臂成圆，肘尖略下垂，拳掌与胸相距20～30厘米。双手环抱于胸前，向前微微推出。

抱拳礼掌型细节

抱拳礼正面全身

❺ 下课礼

练拳后，以行下课礼的形式结束。其中三击掌突出了教学的团队氛围，其含义也有三方面：一是感谢历代先师对太极拳的传承，让习拳者有终身受益的太极拳；二是感谢老师们对习拳者的指点和教导；三是感谢同学们对老师积极的配合，从而很好地完成了课程内容。

太极拳习前礼仪

步骤一：立身中正，并步站立，朗声口诵："端心正意，肃整衣冠，升起恭敬心，向太极拳历代先师敬礼！"

步骤二：鞠躬敬合掌礼。

步骤三：礼毕，身体回直站立。

步骤四：拳友之间行抱拳礼。

太极拳习后礼仪

步骤一：面对太极先师行合掌礼。

步骤二：老师和拳友们一起行抱拳礼。

步骤三：老师和拳友们一起行下课礼，三击掌同时，老师说："同学们再见！"同学们齐声应："谢谢老师！"

太极拳八法 "掤捋挤按采挒肘靠"

掤 掤劲是向外的劲，是各劲之源；掤字当头，步要弓；劲在身整守在中。

捋 捋劲是向左右侧后牵引，听劲顺势引进落空之法；捋在手臂，步后弓；胯须放松方见功。

挤 挤是由防守向进攻的过渡，侧身拧进，引劲化劲，与劲不让，在挤中寻机借势；挤在手肘，身前弓；劲要合住不挤空。

按 按劲是引而后发之举，按于手，击于胸，有上、中、下三个方向，劲含丹田利于攻。

采 采在手指往下沉，劲达稍节，上下相随，是变守为攻之法。

挒 挒劲是瞬间的向外旋转，挒在肘腕要轻灵；捋、采、挒三劲可灵活运用，能捋就捋，不能捋就采，不能采则挒，翻变连环。

肘 肘为人的二门，较手短，发之得势也较手猛，穿心肘可直攻心窝；肘在屈使身须正，运用肘法劲要整。

靠 靠用在贴身，用寸劲，体现出周身无处不是拳；靠法左右分六种，用在近身七寸中，靠法击人须劲整，丹田抖劲靠不空。

春生五式　　　春生五式
教学版视频　　跟练版视频

春

春天，阳气生发，春生五式的养生设计以疏肝利胆为主，肝又主筋，通过这些动作起到舒筋活络的作用。

春 篇

春生五式

预备式

　　身体自然站立，目视前方，两手合于身体两侧，下巴微收，头顶百会上领，舌尖顶着上腭。屈膝松胯，把重心落在右腿，开左步略宽于肩，重心五五分布。

注　此套动作重复８次。

正面　　　　　側身

1 吸气，双手向外侧打开，掌心向前，蹬腿，手臂
外旋，掌心向上，拇指旋至斜后方四十五度。周
身舒展，胸口膻中穴微微前凸，背部肩胛相合，
感觉手指发麻发胀。

正面　　　　　　　　　側身

2 呼气，双腿微微弯曲，双手内合
回收至小腹，动作尽量舒缓。保
持上身中正，避免身体后仰，肩
膀放松下沉。

第二式
转体活络

注 此套动作左右各做
4次，共8次。

1 吸气时蹬腿起身，双手向上
画弧；呼气时屈膝松胯，双
手合十于胸前。

2 吸气时身体左转，双
手打开于肩前。

3 呼气时蹬右腿，双手翻转
向外，两侧推开，力达掌
根，目视正左侧，松肩沉
肘。保持右腿蹬直，左腿
弯曲，左脚尖内扣，使周
身形成"麻花劲"。

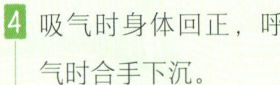 吸气时身体回正，呼
气时合手下沉。

5 吸气时身体右转，双
手打开于肩前。

6 呼气时蹬左腿，双手翻转向外，两侧推开，力达掌根，目视正右侧，松肩沉肘。保持左腿蹬直，右腿弯曲，右脚尖内扣，使周身形成"麻花劲"。

7 吸气时身体回正，呼气时合手下沉。

第三式
上下采气

1 接上式双手下按，分掌
垂放于身体两侧。

2 吸气时双手掌心向上捧起，身体缓缓上升，双手合于头上方。

3 呼气时屈膝松胯，掌心向下，双手沿中
线下按至小腹前方。随着呼气，身体慢
慢下沉，双手回到小腹。

注

做采气动作的时候，可以眼睛微闭，以达到闭目养神的效果。

第四式
玉女斜行

1 移重心至左腿，右脚尖外摆，双手画弧右掤。

2 重心右移，双手保持不动，提
起左腿向左前方四十五度开
步，脚后跟内侧着地。

注 腰部转动幅度可以根据自己身体的灵活性调整。

3 重心左移，左脚尖微外摆，左手走下弧过膝变勾手上提，同时身向左后方旋转，左勾手朝向斜后方四十五度，手腕领劲。右手螺旋上托，

大臂贴近耳朵，肘弯曲，右手指尖向后，力达掌根。
身体拔直，眼睛看向勾手方向，右腿蹬直，左腿弯
曲，左膝微内扣。

4 双手变掌，扣左脚，回收下按。
移重心至右腿，左脚尖外摆，双
手画弧左掤。

5 重心左移，双手保持不动，提起
右腿，向右前方四十五度开步，
脚跟内侧着地。

6 重心右移，右脚尖外摆，右手走下弧过膝，
身体向右后方旋转，同时变勾手向斜后方
四十五度提起，手腕领劲；左手螺旋上托，

大臂贴近耳朵，左手指尖向后，力达掌根，身体拔直，眼睛看向勾手方向，左腿蹬直，右腿弯曲，右膝微内扣。双手变掌，扣右脚，回收下按。

第五式 蓄力养气

1 双手从右至左走上弧画圆，握拳回收至小腹，左脚回收，虚脚点地，身体微左转，目视左斜前方，左拳拳心向上，在小腹前侧，右拳拳心向下，在右胯旁。

2 提左腿，弹踢回收，弓步冲右拳，右拳紧握，拳心向下，左拳握于腰间。身体保持中正，右腿蹬直，目视前方。

3 重心右移扣左脚，双手变掌，从左至右走上弧画圆，握拳回收至小腹，右脚回收，虚脚点地，身体微右转，目视右斜前方。右拳拳心向上，在小腹前侧，左拳拳心向下，于左胯旁。

注 此动作稍微有一点节奏感。

4 提右腿，弹踢回收，弓步冲左拳，左拳紧握，拳心向下，右拳握于腰间。身体保持中正，左腿蹬直，目视前方。重复以上动作。最后双拳变掌，左腿并步，收势。

夏长五式
教学版视频

夏长五式
跟练版视频

夏暑到来，此时天暑下迫，地湿上蒸，人容易感受到暑湿之气，湿性黏滞，暑湿邪气容易侵入人体，消散精气，夏长五式适合在夏季习练以调理三焦，益于心气下降，生津润燥，平衡阴阳，达到强身健体、生精养气的功效。

夏篇

夏长五式

预备式

　　身体自然站立，目视前方，两手合于身体两侧，下巴微收，头顶百会上领，舌尖顶着上腭。屈膝松胯，把重心落在右腿，开左步略宽于肩，重心五五分布。

1 随着吸气，右手走上弧，左
手走下弧，双手抱球于胸
前，掌心相对，双腿呈马
步，屈膝松胯。

2 呼气时，双手掌心相对左右对拉，至肩前立掌，开胸扩背。吸气，双手立掌前推，交叉于胸前，右手在外，左手在内，手背相对。

3 呼气，重心右移，右手外掤至右斜前方四十五度，左手翻掌下沉至小腹前侧，右手立掌掌心向前，左手托掌，掌心向上。左腿勿蹬直，避免顶胯。

4 吸气时，左手走上弧，右手走下弧，双手抱球于胸前，掌心相对，双腿呈马步，屈膝松胯。

5 呼气时，双手掌心相对左右对拉至肩前，开胸扩背。再次吸气，双手立掌相合交叉于胸前，左手在外，右手在内，手背相对。

6 呼气时，重心左移，左手外掤至左斜前方四十五度，右手翻掌下沉至小腹前侧，左手立掌掌心向前，右手托掌，掌心向上。右腿勿蹬直，避免顶胯。

第二式 掩手肱拳振精神

1 左手立掌于身体中线，重心移至右腿，右手握拳收于腰间。

2 蹬腿转腰，右拳沿着中线前冲。左掌变拳收于腰间。

3 蹬腿转腰，移重心冲左拳。重复左右冲拳。

注 力量的传递是从脚到腰，然后才到手臂，最后到拳头，一定要通过重心的移动把力量催动出去。注意发力动作配合呼气，可发「哼」或「哈」声，避免憋气。

第三式
金鸡独立足生根

1 双手变掌，扣左脚回收下按，左脚虚脚点地，双手掌心向下，按于胯旁。吸气时，重心移到右腿，左脚虚脚点地，左手掌翻掌上托于肩膀前侧，旋腕上推至左肩上方，同时左膝提起与腰同高，左手劳宫穴与肩井穴相对，左手与右手上下对撑；呼气时按掌落步与肩同宽，左手按于左胯旁，右手保持不动。

2 吸气时，重心移到左腿，右脚虚脚点地，右手掌翻掌上托于肩膀前侧，旋腕上推至右肩上方，同时右膝提起与腰同高，右手劳宫穴与肩井穴相对，右手与左手上下对撑；呼气时按掌落步与肩同宽，右手按于右胯旁，左手保持不动。

第四式
白猿献果去心火

1 吸气时，重心右移，左脚虚脚点地，双手上合折臂于肩前。

2 呼气时向左斜前方开步，脚跟着地，蹬右腿重心前移，双手前推，立掌于左膝上方，松肩沉肘，力达掌根。

3 吸气时，重心后移，身体后仰，抬头看上，双手回收经面部打开至头顶后分掌。

4 呼气时，重心前移，身体回正，双手变拳合于
前方，拳眼相对（可重复多次）。双手变掌，
重心后移，扣左脚，回收下按与肩同宽。

5 吸气时，重心左移，右
脚虚脚点地，双手上合
折臂于肩前。

6 呼气时，向右斜前方开步，脚跟着地，蹬左腿重心前移，双手前推，立掌于右膝上方，松肩沉肘，力达掌根。

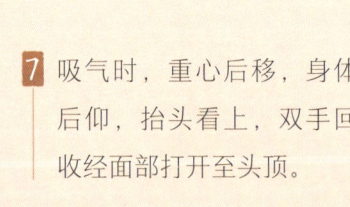

7 吸气时，重心后移，身体后仰，抬头看上，双手回收经面部打开至头顶。

8 呼气重心前移，身体回正，双手变拳合于前方，拳眼相对（可重复多次）。双手变掌，重心后移，扣右脚，回收下按与肩同宽。

第五式
采气调息沉丹田

 接上式双手下按，分掌
垂放于身体两侧。

2 吸气，双手掌心向上捧
起，身体缓缓上升，双
手合于头上方。

3 呼气，屈膝松胯，掌心向下，双手沿中线下按至小腹前方。随着呼气，身体慢慢下沉，双手回到小腹。

注 此式比上下采气时的动作幅度深，更强调屈膝松胯。

秋收五式　　　　秋收五式

教学版视频　　　跟练版视频

秋

一转眼，已经到了秋季，秋季是夏日之后，阳气开始收敛的时节，此时身体的阳气逐渐沉降，而体内所残留的暑湿气也要随之排泄于外。

秋篇

秋收五式

预备式

　　身体自然站立，目视前方，两手合于身体两侧，下巴微收，头顶百会上领，舌尖顶着上腭。屈膝松胯，把重心落在右腿，开左步略宽于肩，重心五五分布。

第一式 双手侧贯降虚火

1 吸气时，双手从右至左走上弧画圆，身体左转，握拳回收至小腹，左脚提膝，目视左斜前方，左拳心向上，在小腹前侧，右拳心向下，在右胯旁。

2 呼气时，左腿横开一大步，重心左移，身体左倾，双拳从腹部向左上方抢拳，右腿蹬直，力量传到腰背，左拳心向上，右拳眼向下，左拳心与右拳眼相对。

3 再次吸气，重心右移，扣左脚，双拳从左
至右走上弧画圆，收右步，身体右转，目
视右斜前方，右拳心向上，在小腹前侧，
左拳心向上，在左胯旁。

4 呼气时，右腿横开一大步，重心右移，身体右倾，双拳从腹部向右上方抢拳，左腿蹬直，力量传到腰背，右拳心向上，左拳眼向下，右拳心与左拳眼相对。重复动作。

第
二
式

当
头
炮
通
利
下
焦

 重心左移，扣右脚回正，双拳向上画
弧，立拳于胸前，两拳心相对，保持
上身中正，同时提起右膝，保持左腿
单独支撑。

2 右腿震脚屈膝，向左前方开左步，重心保持在右腿，眼看前方，双拳收于右腰间。

3 呼气时，右脚蹬地转腰，双拳自腰间冲出，于胸前，拳心相对。重心在左腿，呈弓步状。

4 吸气时，提左膝，同时双拳收于左腰
间，震左脚向右斜前方开步，重心留在
左腿，目视前方。

5 随着一个呼气，左脚蹬地转腰，双拳自腰间冲出，于胸前，拳心相对。

注 发力时后腿保持屈膝松胯，不要完全蹬直。此式也可不发力，柔缓练习。

第三式
仰天俯地平肺经

1 右腿回收，与肩同宽，双拳变掌垂放
于身体两侧。目视前方，自然站立，
调整呼吸。

2 吸气时，双手向外侧打开，蹬腿手臂外旋，掌心向上，拇指旋至斜后方四十五度，头部上仰，眼看斜上方四十五度，周身舒展，胸口膻中穴微前凸，背部肩胛相合，感觉手指发麻发胀。

注

头向内扣，下巴向锁骨方向靠拢，整个脊柱进行牵引和抻拉，手臂内旋，可使背部向两侧舒展，形成"十"字形的对拉和舒展。

③ 呼气时，头部回正，屈膝松胯，手臂内旋，卷腹弓背含胸，下腭回收，贴向锁骨，手臂内旋至两膝内侧，呼气时发"嘶"音，以滋养肝气。

手回收内旋

第四式
左右擒打立身正 ㊞

1 伴随着吸气，身体左转，双手上
掤，回收至右胸前，重心在右
腿，左脚虚脚点地，左手横掌，
拇指向下，右手立掌，指尖向
上，目视左斜前方。

2 开左步，脚后跟内侧着地，蹬
右腿，重心左移，同时身体左
转，双手随着呼气向左侧掤
推，左手向上掤架，右手立掌
向前推打。

3 吸气时扣左脚，身向右转，双手画弧合于胸前，右脚虚脚点地，右手横掌，拇指向下，左手立掌，指尖向上，目视右斜前方。

4 开右步，脚后跟内侧先着地，蓄力在左腿，呼气时蹬左腿，重心右移，身体右转，双手向右侧掤推，右手向上掤架，左手立掌向前推打。

第五式 太极桩功敛神气

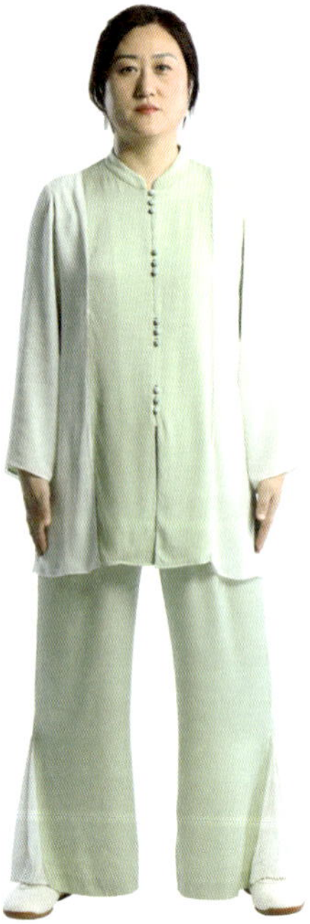

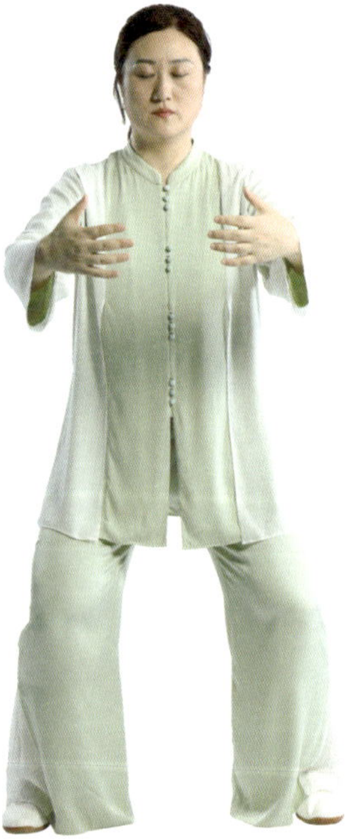

1 保持自然站立，屈膝松胯，含胸塌腰。

2 双手向前方掤起，手腕领劲，掤至肩高。

注

目光微微收回，眼皮向下，慢慢闭上眼睛，神意内敛，保持自然的呼吸。动作要求：松肩坠肘，头顶百会上领，下巴微微内收，耳听背后，舌尖抵着上腭，用鼻子呼吸，吸气时小腹微微内收，呼气的时候小腹微微膨胀外撑，把周身之力沉降到两腿之上。

③ 双掌掌心朝内，四指相对，拇指领起，虎口要张开。

冬藏五式
教学版视频

冬藏五式
跟练版视频

冬

冬天是一年中最寒冷的季节，天寒地坼，草木枯黄，万物闭藏，人体也应该顺应天时，潜藏阳气，以蓄元阳。

冬篇

冬藏五式

预备式

　　身体自然站立，目视前方，两手合于身体两侧，下巴微收，头顶百会上领，舌尖顶着上腭。屈膝松胯，把重心落在右腿，开左步略宽于肩，重心五五分布。

第一式 抻筋拔骨舒筋络

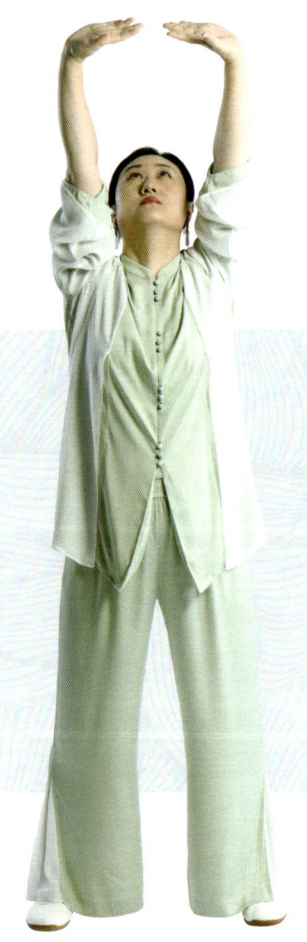

1 自然站立，双手在体前向上托起，胸前旋腕上推至头顶，眼看手背，身体拔直舒展。吸气时小腹内收。

2 呼气时，屈膝松胯，双手下按至腰间，掌心向下，立掌坐腕，身体前俯，双手从胸前推出，眼看手背，力达掌根，手背与臀部形成前后对撑（根据个人柔韧度可自行调整腿部屈伸程度）。

3 身体回正，双手回收至腹部，掌心向下。重复以上动作。

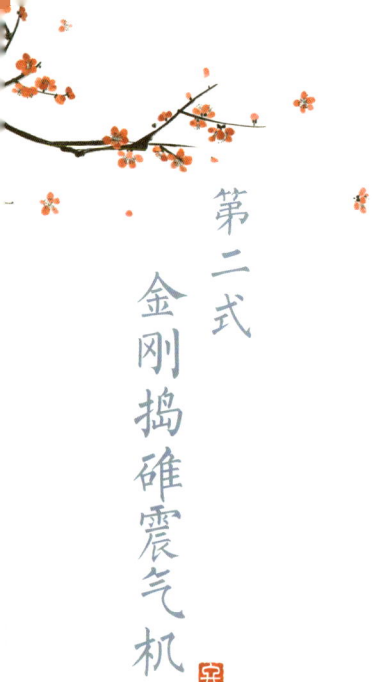

第二式
金刚捣碓震气机 宋公

1 吸气时，重心左移，提右腿向右斜后方四十五度撤步，同时双手向左斜前方掤出，保持上身中正，顺势重心右移，双手后捋。

2 呼气时，双手走下弧，左脚尖外摆，左
手掤于胸前，掌心向下，右手合于右髋
旁，掌心向前。上右步虚脚点地，同时
左手与右手合于胸前左小臂内侧。

3 再次吸气时，右腿提膝右拳上冲，右膝与腰同高，右拳与鼻尖同高，拳背向前。左手合于小腹前，掌心向上。

4 呼气时，砸拳震脚，右拳落于左掌心内，右拳拳心向上，重心保留在左腿。

5 重心右移，提左腿向左斜后方四十五度撤步，同时双手向右斜前方掤出，保持上身中正，顺势重心左移，双手后捋。

6 呼气时，双手走下弧，右脚尖外摆，右手前
棚于胸前，掌心朝下，左手合于左髋旁，掌
心向前。上左步虚脚点地，同时左手与右手
合于胸前右小臂内侧。

7 再次吸气，左腿提膝左拳上冲，左膝与腰同高，左拳与鼻尖同高，拳背向前。右手合于小腹前，掌心向上。

8 呼气，砸拳震脚，左拳落于右掌心内，左拳拳心向上，重心保留在右腿。

注 提膝时注意保持稳定。

第三式

顾盼连珠通周身

1 吸气时，双手左上画弧，身体左转，重心右移，左侧开步，双手回收至右胸前，左手为横掌，拇指向下，右手为立掌，指尖向上。

2 呼气时，重心左移，右脚顿步推掌，左手横掌掤架，右手立掌推打。连续四次。

3 吸气时，双手右上画弧，身
体右转，重心左移，右侧开
步，双手回收至左胸前，右
手为横掌，拇指向下，左手
为立掌，指尖向上。

4 呼气时，重心右移，左脚
顿步推掌，右手横掌掤
架，左手立掌推打。连续
四次。

第四式 左右撇身运腰肾

1 双手握拳，左腿提膝，向左侧横开大步，右拳在前方，左拳在侧方，右拳心向内，左拳心向下，身体左转，重心在左，眼看前方。

2 随着吸气，重心右移，右拳走下弧
过膝至右胯旁，左拳走上弧至胸
前，右拳心向下，左拳心向内。

3 呼气时，重心左移，左拳走下弧
过膝至左胯旁，右拳走上弧至胸
前，左拳心向下，右拳心向内。

4 再次吸气，重心左移，两拳左下
右上。随着呼气，重心不动，身
体右转，左拳领上，右拳合下，
左拳心向内，在太阳穴外侧，略
高过头，右拳心向上，合于小腹
前，目视右前方。

5 随着吸气，重心右移，右拳走下弧
领起，左拳走上弧至胸前，右拳心
向下，左拳心向内。

6 呼气时，重心左移，左拳走下弧过膝至左胯旁，右拳走上弧至胸前，左拳心向下，右拳心向内。

7 再次吸气，重心右移，右拳在下，左拳在上。呼气时，重心不动，身体左转，右拳领上，左拳合下，右拳心向内，在太阳穴外侧，略高过头，左拳心向上，合于小腹前，目视左前方。重复以上动作。

注　此动作可辅助练习松胯，是非常重要的下盘力量练习方法，根据自身身体状况调节动作的高低及幅度大小。习练时注意以腰领手，仆步定式时要呼气下沉。

第五式
太极培元藏精神

正面　　　　　　　　　　　側身

1 两脚开立，右手掌心向里合于下丹田，左手放于右手上方。微微屈膝松胯，上身中正直立，眼神向下，目光回收，耳听背后，肢体放松，促使力量传递至两脚平均分布。

2 身体向左侧，逆时针转动，力量在脚跟和脚掌之间来回传递，再逆时针转动。始终通过身体的晃动调整气机，保持深长的呼吸。最后采气收势，上升吸气，下按呼气。伴随三次深呼吸，使周身放松，神清气爽。

传承非遗

太极拳文化

太极拳的历史溯源

太极拳在当代的发展趋势

『正太极四季导引』的创编之路

太极拳的历史溯源

太极拳与太极文化

太极拳源于太极文化。

太极一词源自《易传·系辞上传》："易有太极，是生两仪，两仪生四象，四象生八卦。" 太极是中国古代哲学史上的一个重要概念和范畴，意为派生万物的本源。太极文化融合了易经的阴阳学说、老庄的道法自然、儒家的中庸之道、兵家的虚实论、中医的经络原理、道教、佛教等东方文化精髓，是华夏文明的结晶。

太极拳是太极哲学理论在拳术上的应用，充分体现了太极理念，比如动作上的动静相兼、刚柔相济，招式上的一阳对应一阴，左手向上的招式，大多右手向下，在动作转换上，欲进先退，所有的动作运用阴平阳秘，恰到好处。拳是一种载体，可以承载不同的思想、文化。太极拳是依据"易经"阴阳之理、中医经络学、道家导引吐纳，所综合创造的具有阴阳性质、符合人体结构和大自然运转规律的一种拳术。

太极拳与道家

太极拳根植于阴阳五行思想，与道家哲学渊源颇深，太极拳练功与道家修炼都重视内丹。太极拳拳理中的以柔克刚、以静制动、虚实相依、"四两拨千斤"等技法正是来源于道家无为而治、天人合一、"反者道之动，弱者道之用"等思想理论。老子说："天下莫柔弱于水，而攻坚强者莫之能胜。"太极拳看似是一种舒缓绵软之技，实则蕴含强大力量，深刻阐释了道家的"弱"与"道"的思想精髓。

太极拳与儒家

宋代儒学大家周敦颐著《太极图说》是太极文化成熟的重要标志，文中提出"无极而太极。太极动而生阳，动极而静，静而生阴，静极复动。一动一静，互为其根。分阴分阳，两仪立焉。阳变阴合，而生水火木金土。五气顺布，四时行焉。五行一阴阳也，阴阳一太极也，太极本无极也"的太极基本原理。儒家与太极都重视两仪与中轴、阴阳与适中。而太极拳也时刻践行着儒家文化所提倡的仁义、谦让等精神思想，如太极拳动作强调身、手、步、腰的协调统一，这便是受儒家中庸和谐哲理思想的启发。太极拳也被誉为"君子拳",就在于其外敬师友、内控本我的道德品质和自律精神,这种精神品德正是受到儒家"内圣外王"理论的潜移默化的影响。

太极拳与释家

太极拳讲究用意不用力,因为意念的力量十分强大,不可思议,用意来带外形、来引动作,这点和释家相同。太极拳又讲"以意导气,以气运身""其大无外,其小无内",这也与释家理念契合。静能生慧是释家理念,心静体松,因为只有静到极处才能谓之净,没有贪嗔痴慢,一静则百骸松,松到透彻澄明。"唯极悠闲方能极精细",太极拳正是践行了这种理念。此外,释家与太极拳均讲万法不离其宗。释家讲"性与相、事与理、因与果",太极拳则讲"练理不练力、练本不练标、练身不练招"。太极拳综合吸收了传统文化精髓,文武兼备,最终发展成为中华传统文化的代表性名片之一。

陈氏太极拳的形成与发展

从陈家沟走出

太极拳的诞生地——河南温县陈家沟，与黄河洛河交汇处、嵩山少林寺均相隔不远。因为太极图很像是黄河洛河交汇形成的旋涡，传说华夏文明始祖——伏羲就是通过这个自然现象触发灵感，才创造出太极和八卦。

明末清初陈家沟陈王廷公在家传拳法的基础上，依据太极阴阳哲理，融合中医经络学说和导引吐纳养生术、儒释道文化内涵，汲取众家武术之长创编了太极拳。"阴阳"观念是太极文化的核心，阴阳观念中具有对立统一，相互依存，相互协调，相互转化的特点。陈王廷公就是在符合阴阳对立统一的基础上，创造出一套刚柔相济、内外相合、上下相通、快慢相间、形意结合、顺逆缠丝等阴阳相合的动作套路，这种拳术最能体现太极文化精髓，因而称之为太极拳。数百年来，陈氏太极拳代代有传人，绵延不绝，名手辈出。

2006年6月2日，经国务院批准，文化部公布，陈氏太极拳入选第一批"国家级非物质文化遗产名录"。

2007年8月21日，国家体育总局正式为"中国武术太极拳发源地——陈家沟"举行隆重的揭牌仪式。从此河南省温县陈家沟成为"中国武术太极拳发源地"，这一观点已成为当代中国武术学界的共识。

2020年12月17日，太极拳正式列入联合国教科文组织人类非物质文化遗产代表作名录。太极拳的创制让太极这一长时间被讨论的哲学概念有了体育运动的实体支持，从而也为太极文化提供了最具生命力和群众性的传播途径。

🍃 开枝散叶的发展

陈氏太极拳在陈氏家族世代传承下，且经过一代代传人的努力，其技术体系逐步完善，理论体系最终成形。陈氏太极拳创拳后的相当长一段时间内，主要在河南省温县陈家沟陈氏家族

内传承，历代族中高手在继承拳法的同时，不断精益求精，对拳法进行充实、完善和发展。其中，陈氏十四世传人陈长兴、陈有本和十五世传人陈清萍等更是做出了创新性贡献。陈长兴和陈有本在原有拳法基础上由博返约创编的套路被后人分别称为大架、小架，各有一路、二路之分；陈清萍在小架基础上再次创新，其套路更加突出圆弧运动特点，层层用圈、环环相扣，后人称之为"圈"；十八世传人陈照丕、陈照奎对陈氏太极拳在现代的传续，也有着突出贡献，当代太极拳领军人物，陈小旺、陈正雷、王西安、朱天才就是他们培养的传人。

传统五大派别的形成

太极拳长期以来在陈氏族内传承，是陈长兴开了陈氏太极拳外传的先河，授艺予河北省永年县杨露禅。杨露禅艺成后赴北京传拳，杨露禅到杨澄甫祖孙三代，不断适应时代需求，发展形成了架势宽大、动作柔缓的太极拳风格，在国内外广泛传播，被世人称为"杨氏太极拳"；杨氏太极拳传给满族人全佑，后经全佑弟子吴鉴泉、王茂斋等人潜心研究和不断地修润，改造成了"吴氏太极拳"；陈清萍传拳予武禹襄，武禹襄及其兄弟三人，结合家学，创研出一套独具风格的拳式及器械套路，形成了完整的"武氏太极拳"流派；孙禄堂根据武氏太极拳，结合自己对形意拳、八卦拳数十年的修炼与体悟，将三者融合创编出"孙氏太极拳"。传承脉络清晰，流传均超百年的上述太极拳流派，构成了陈式、杨式、吴式、武式、孙式这广为世人认可的传统五大派别。各流派的产生及其发展，极大地丰富了太极拳运动的技术形式，凝练了太极拳的技术风格和特点，并且造就了一大批太极拳名家，共同促进了太极拳的繁荣与发展。

参考文献：

［1］李慎明，李闽榕，宫松奇，等. 世界太极拳发展报告（2019）［M］. 北京：社会科学文献出版社，2020.

太极拳在当代的发展趋势

引领健康生活方式

新时代，太极拳的发展环境有了全新的变化，尤其是在倡导生态文明、践行低碳理念的大背景下，随着经济、社会、文化和教育事业的发展，太极拳以多样化的形态服务于社会。太极拳在祛病强身、修身养性、益寿延年方面可以充分发挥特殊功效，在"全民健身"热潮中，太极拳因具有养生、技击、教育、艺术等多种功能而备受国人青睐，作为中国文化的特色名片，也受到世界各国人民的喜爱。

此外，国际学界也在关注太极拳的健康疗愈功能，加州大学终身教授林欣博士将人体经络定为"活体经络"，将太极拳

定为"全身心的意气运动，它有别于局部的肢体运动"。美国哈佛大学把太极拳定为"运动处方，活体医药"。

2016年10月，中共中央、国务院印发的《"健康中国2030"规划纲要》，明确提出要扶持推广太极拳等民族民俗民间传统运动项目，太极拳又迎来了一个崭新的发展机遇。

太极拳动作平稳柔和、从容不迫、刚柔并济、内外相和，由肢体运动带动体内器官运动。经常习练太极拳，能够有效改善呼吸系统、血液循环系统、神经系统的生理功能，无论对青少年还是中老年的身体健康都有重要帮助。太极拳对身体的帮助，不是通过高强度损伤性的锻炼来达到的，不需要场地，不需要器械，只要有充分的意愿和良好的心态就能进入太极拳的世界，进入一个柔和缓慢，寓静于动的运动状态。静能生慧，缓慢清净的太极拳的世界，同时是开启心智、愉悦精神、平和内心的良药，是身心内外的一种平衡，对慢性疾病的预防与治疗有积极的意义。

近年来，从中央到地方都十分注重太极拳的健身普及与推广工作，逐步实现了太极拳"六进"活动——"进机关、进学校、进社区、进部队、进企业、进农村"。"六进"活动是对太极拳健身价值的充分肯定，是全民健身背景下普及与发展太极拳运动的重要举措。太极拳在全民健身中，其自身发展迈上了一个新台阶，越来越多人喜欢上了这种健康的生活方式，目前全国长期习练太极拳的人数约5 000万。

提高体育美育水平

在强调弘扬传统文化，增强文化自信的教育政策促进下，太极拳现已成为学校体育教学的重要内容，这不仅丰富了体育教学内容，还提高了学生的体质和健康水平，培养了学生的文化修养与心理素质。太极拳对学生运动素质与文化修养的培养作用，来自太极拳所蕴含的深厚传统文化内涵和处世哲学。这种思想，让学生在生活、学习与娱乐的过程中，懂得要按照规律，把握分寸去做事；要从变化的角度来认识世界万物；在学习太极拳动作的同时学习太极拳文化，提高个人文化修养；通过长期符合运动科学规律的习练过程，形成坚强的意志力。实践证明太极拳教育对学生身心健康发展的促进作用是非常显著的。

　　太极拳之美是符合民族审美习惯与偏好的运动形式美，其上下相随、虚实结合、左顾右盼、连绵不断、行云流水的拳术风格，符合国人的审美观，因而具备良好的美育功能。其柔和化外、轻灵自如的运动表现，从视角审美角度看，似舞非舞，似操非操，似拳非拳，但又是这些运动与艺术活动的综合体。在人们生活条件大幅改善，生活质量不断提高之后，培养良好的美育功能是当今社会的重要发展特征和趋势。顺应这种潮流，太极拳成为人们表达展示自我、交流交友、以武会友的新型社交方式和艺术交流活动，并和传统服饰文化、古琴文化、香道文化等结合，形成强劲的新时代中国风尚。

传承传统技击功能

太极拳运动在普及和推广工作过程中，既有大众化、简易化、标准化的群众体育普及形式，也有竞技体育追求"高、难、美、新"的太极拳竞赛。同时，太极拳作为具有丰富深厚的攻防含义和文化内涵的传统武术技艺，世界非物质文化遗产和国家级非物质文化遗产，也必须有一部分人承担起传承的重任，遵循和发展太极拳的传统技术体系和修炼程序，传承与弘扬太极拳的传统技击功能。

太极拳欲要保持技击功能，就如锻造利剑，需要经过异于常人的艰苦锻造，经过冷热处理和再锤炼，才能百炼成钢，制成宝剑。在践行文化强国战略的大形势下，通过国家政策的扶持和太极产业的反哺，以及多部门协作的科技攻关加快了太极拳技击功能的开发速度，给予了太极拳技艺传承人更为安定的生活和练功环境。假以时日，太极拳的传统技击功能必将如凤凰涅槃，发出更为绚丽的光彩。

『正太极四季导引』的创编之路

源于轻太极养生理念

"正太极四季导引"是陈氏太极拳第十二代嫡传人陈娟所创编的一套基于正宗陈氏太极拳的养生功法。陈娟，"轻太极"概念首位提倡者，尝试将传统太极拳术与现代科学运动系统相结合，最终摸索出一套以"正宗、科学、轻松"为特点的轻太极教学课程系统，为太极拳行业开辟了一个全新的太极品类。而"正太极四季导引"，就是其中的一套典型功法和主推课程。

基于传承的创编发心

创编的目的是希望在更广泛的领域去推广这一简单有效的太极拳功法，让更多的人受益，并且从中入门了解中国传统文化的魅力。作为文化产业的一部分，太极拳产业似乎不是国计民生的刚需，但我们作为普通人，也有自己的情怀与使命，那就是传承传统文化精髓，为大众的健康养生事业贡献绵薄之力。

应四季生长收藏之律

"正太极四季导引"是适合大众，尤其是长期伏案工作的人员的太极拳课程，中小学广播体操一年四季只有一套，是不是有点单调？而四季导引就不同，按照传统文化的说法，"春、夏、秋、冬"的四季交替循环，属于天时变化，它对应着万物"生、长、收、藏"的生命节奏，顺应天时来调节生命节奏，从而达到与天地同步的频率，就是"天人合一"。遵循这个规律，自然能够身强体健。"正太极四季导引"就按照这种"天人合一"观，并依据传统阴阳五行、四季养生理论，发扬陈氏太极拳在呼吸吐纳、缠绕伸展、震荡发力等方面的养生效果，从陈氏太极拳架中萃取提炼，发扬创新出的一套养生功法。其中设计了"春生五式""夏长五式""秋收五式""冬藏五式"，春夏秋

冬每个季节对应一套功法，顺时而练。这套功法轻松易学，节省时间与场地，符合现代人的生活节奏与习惯。

强身修心扬太极文化

❸ 习练中强健身心

和一般体育运动相比，"正太极四季导引"功法除了健身作用外，在心理调治方面的作用也十分显著，例如"春生五式"注重春天通畅肝气，使人情志平和舒缓；"夏长五式"的养生强调夏季养心，通过轻柔、缓慢的习练，平和情绪的喜怒。长期习练，有利于培育起具有优良传统的中正平和、温厚儒雅的中国式气质与修养，让人在浮躁的现代社会沉下心来。

❸ 体验中学习传统文化

"正太极四季导引"是大家了解、体验、学习中华传统文化的优秀代表——太极文化和太极拳的方便途径。太极拳就像中华传统文化家庭里的亲戚，很多人认识他，但并没有了解他。太极文化是传统文化中的优秀代表，他流淌在我们每个中国人血液里，与我们息息相关。太极是一种大道，中庸和谐之道，有修行的人，会遵循大道，自然而然亲近。

太极拳符合中华文化内向含蓄的文化特征。不善、不喜张扬炫耀，但越练越深、越学越深，博大深厚，使人受益无穷。

"天人合一"是中华文化的本质特征。

"太极拳是人与自然的对话，是人在自然中的穿行"，太极拳是人与自然最直接的沟通方式，在习练中可以亲身体验到融入自然的感觉，增加对传统文化"天人合一"观念的理解和感悟。

❸ 学习中传播太极文化

太极拳是中华文化最本质、最原真的表现之一，是其中最深远而沛然有活力的一部分。太极拳体现了中国人的民族性格、价值观念、思维方式、道德观和审美情趣。但凡广博深厚的文化背后，都有良好的传承体系，热爱太极拳，就肩负传承的责任。太极文化在当代还有特别重要的意义，它符合世界和谐发展的要求，是联系不同文化的纽带。通过习练太极拳，从而懂得太极，懂得传统文化，热爱传统文化，进而自觉成为传承和弘扬传统文化的一分子，将太极文化传向世界。

后记

　　自2000年南下广东定居以来，我的传拳之路就和岭南这片改革开放的沃土紧密相连，蓬勃繁荣的经济发展，中西融汇的粤港文化，以及求真务实的行事作风，都在潜移默化中影响着我传承和传播家传技艺的定位和风格。

　　近20年的岭南传拳之路，虽然走得很艰辛，但也不断遇到有识之士和同道中人，凭借着父辈几十年来忘我奉献，传播太极拳赢得的美誉，也在众多贵人的助力下，我的小拳馆得以维持到今天，并且与众多机构、公司、学校及社区建立了合作关系。

　　一直以来，我致力于探索太极拳与中医养生的"练养结合"关系。在大都市里，我面对一个庞大的亚健康人群，他们终日繁忙，往往没有充足的时间习练完整的太极套路，怎么办？我逐步萌发了依托家传拳法，创编系列简化养生小套路的想法。

自2016年开始，在时任广州中医药大学第一附属医院治未病科主任、邓铁涛关门弟子陈瑞芳教授等名医及老师的启发下，我将"春生、夏长、秋收、冬藏"的四季特性与家传太极拳武学相结合，通过长时间的调研、测试和验证，最终创出了一套分四个季节，每个季节各五式动作的导引系列太极拳。这套化繁为简的"四季导引——正太极五式"，在数十个单位及地区作为工间操，进行普及推广，取得了良好的健身养生效果，受到了很多合作机构和参训职工的好评。

为了方便这套太极拳工间操进行更为系统的普及和推广，尤其针对后疫情阶段广大民众锻炼身体和提高免疫力的需求，我将有关套路的动作要点、拳照及视频汇集整理成书，希望对正在习练和即将开始习练"四季导引——正太极五式"的拳友们有所帮助。

借此机会，感谢所有让这本书得以问世的人。感谢我的父母，他们也是教授我太极拳技艺的师父师母，感谢他们在教育和培养我的过程中，充分运用了太极智慧，使我自幼在艰苦的训练中感受到关怀、快乐、成就乃至责任，让我拥有真正的身心健康。

我还要感谢在编撰此书过程中，给予积极协助的弟子、学生和工作人员。在文字整理和图片拍摄中，许自力、张咏梅、杜志波、何军、孙铁良等给予了大力支持；波姐和崔叔在编写过程中给予了专业指导，你们的爱心和奉献，是这本书能与广大拳友见面的关键。

　　最后，特别感谢我的先生十三兄。这十年来，是你全力以赴地支持我传播太极拳，可以说，为了这项事业，你付出得比我还多！感谢这一路有你同行！

2021年12月28日夜于广州记